LES REQUINS EN QUESTIONS

Melvin et Gilda Berger

ILLUSTRATIONS DE JOHN RICE

TEXTE FRANÇAIS DU GROUPE SYNTAGME INC.

Éditions
SCHOLASTIC

TABLE DES MATIÈRES

ABRÉVIATIONS
cm = centimètre
kg = kilogramme
km = kilomètre
km/h = kilomètre à l'heure
m = mètre
t = tonne

Catalogage avant publication de Bibliothèque et Archives Canada
Berger, Melvin
Les requins en questions / Melvin et Gilda Berger;
illustrations de John Rice; texte français du Groupe Syntagme.
(Réponse à tout)
Traduction de : What do sharks eat for dinner?
ISBN-13 : 978-0-439-94254-6
ISBN-10 : 0-439-94254-3
I. Berger, Gilda II. Rice, John, 1958- III. Groupe Syntagme Inc.
IV. Titre. V. Collection : Berger, Melvin. Réponse à tout.
QL638.9.B47214 2007   j597.3   C2006-905690-0

Édition publiée par les Éditions Scholastic,
604, rue King Ouest, Toronto (Ontario) M5V 1E1.
5 4 3 2 1   Imprimé au Canada   07 08 09 10 11

Pour les garçons et les filles
de l'école Jefferson,
et leur remarquable
directrice, Jane Hyman
— M. ET G. BERGER

À mon père... Je n'oublierai
jamais ces merveilleuses
journées d'été où j'allais
à la pêche avec papa!
— J. RICE

Requins gris de récifs

Requin citron

Requin-carpette à collier

INDEX

Au sujet des auteurs

Les Berger perçoivent les requins comme des créatures mystérieuses, intéressantes et curieuses, et ils aiment écrire à leur sujet. Les auteurs croient que le requin, parce qu'il existe depuis longtemps, a beaucoup de choses à nous apprendre sur la vie dans la mer.

Au sujet de l'illustrateur

Comme le dit John Rice : « Parfois, les choses qui nous font le plus peur sont celles que nous connaissons le moins. C'est le cas du requin. » Il espère que ce livre apprendra aux gens à ne pas craindre le requin et à voir le rôle important et vital qu'il joue dans le monde sous-marin.

INTRODUCTION

La plupart des experts croient que les requins sont apparus sur la Terre il y a environ 350 millions d'années. Cela veut dire qu'ils étaient là avant les dinosaures, et ils sont toujours là. Comment les requins ont-ils survécu si longtemps?

L'une des raisons est que le requin est particulièrement bien adapté à son environnement. Le requin peut manger à peu près tout ce qui vit dans l'eau. Il est doté de sens aiguisés qui l'aident à repérer sa proie, ainsi que de dents pointues et de mâchoires puissantes pour attraper sa victime. Le squelette du requin est constitué de cartilage (comme le bout de ton nez et tes oreilles); c'est ce qui le rend suffisamment souple pour serpenter lorsqu'il poursuit sa proie. D'ailleurs, la plupart des requins ont une forme fuselée qui leur permet de se déplacer aisément et réduit au minimum la résistance de l'eau, qui les ralentirait.

Pendant des millions d'années, les requins ont eu peu d'ennemis, à part les requins plus gros, les dauphins et quelques sortes de baleines. Puis les choses ont commencé à changer. Les humains se sont mis à chasser le requin pour se nourrir et pour d'autres raisons. Au cours des dernières années, le nombre de requins attrapés et tués a monté en flèche. La pêche au requin est désormais une activité commerciale populaire et un loisir très apprécié.

En raison de ce massacre insensé, certaines espèces de requins sont maintenant rares et risquent de disparaître. Comme le requin est au sommet de la chaîne alimentaire marine, sa disparition risque de troubler l'équilibre qui règne dans la nature. La première chose qu'on peut faire pour aider à sauver les requins, c'est d'apprendre à les connaître. Le temps est venu d'apprécier et d'admirer les requins au lieu de les tuer.

Melvin Berger   Gilda Berger

DES REQUINS VORACES

Que mangent les requins pour dîner?

Tout ce qu'ils veulent! Les requins mangent à peu près toutes les créatures qu'on trouve dans la mer, y compris d'autres requins. Les gros requins mangent des requins plus petits, lesquels mangent, à leur tour, des requins plus petits encore, et ainsi de suite.

Lorsqu'ils ne se mangent pas entre eux, les requins s'attaquent à toutes sortes de poissons et de crustacés. Les requins se nourrissent également d'animaux marins de grande taille, tels le phoque, le dauphin et l'otarie.

Les requins ont-ils toujours faim?

Non, mais certains requins mangent effectivement d'énormes quantités de nourriture à la fois. Certains requins, comme le grand requin blanc, ne semblent jamais rassasiés. Parfois, quelques minutes après avoir mangé un animal marin de grande taille, ils trouvent un autre animal et l'avalent aussi. Ces requins donnent l'impression de chasser et de manger sans arrêt.

Toutefois, la plupart des requins se contentent d'un gros repas tous les deux ou trois jours. Quand les proies sont rares, ils peuvent se passer de manger pendant des semaines. Heureusement, comme l'humain et la plupart des autres animaux, le requin emmagasine les aliments digérés sous forme de gras, ce qui l'aide à survivre lorsque les temps sont durs.

Les requins mangent-ils des animaux morts?

Oui. D'ailleurs, ils s'attaquent souvent aussi aux animaux qui sont malades, vieux ou blessés. Ces animaux, comme tu peux l'imaginer, sont plus faciles à attraper que des proies qui sont jeunes et en santé.

En s'attaquant aux animaux qui ont du mal à s'échapper ou à se défendre, les requins se procurent la nourriture dont ils ont besoin et, en même temps, nettoient les océans. De plus, lorsqu'on élimine les animaux trop faibles, il est plus facile pour les autres de trouver de quoi se nourrir et de bien se développer.

Requin-tigre

Grand requin blanc

Comment le requin arrive-t-il à mordre alors que sa gueule est située sous sa tête?

C'est facile : le requin lève la tête et la renverse par en arrière. Lorsqu'il ouvre la gueule, ses mâchoires s'écartent et s'avancent pour le coup de grâce. Les dents du bas transpercent la proie, et la mâchoire s'abat sur elle avec puissance pour la déchirer.

Combien de dents les requins ont-ils?

Beaucoup! Certains requins en ont jusqu'à 3 000. D'autres n'en ont que quelques dizaines. Cependant, les dents du requin ne forment pas une seule rangée comme les tiennes. Elles en forment plusieurs, l'une derrière l'autre.

Lorsqu'un requin croque quelque chose, ses dents de devant peuvent tomber ou se briser. En un jour ou deux environ, des dents qui se trouvaient à l'arrière viendront prendre la place des dents disparues, un peu comme les marches d'un escalier mécanique qui se déplacent. Ces nouvelles dents très acérées sont maintenant prêtes à mordre.

Pourquoi les requins perdent-ils leurs dents?

Parce qu'elles ne sont pas fermement fixées à leur mâchoire comme les tiennes et qu'elles se détachent facilement. Un requin peut produire et perdre jusqu'à 20 000 dents au cours de sa vie. La fée-requin des dents se retrouverait sans le sou en un rien de temps!

Est-ce que toutes les dents de requin ont la même forme?

Non. La forme de la dent varie selon le requin et son alimentation. Le grand requin blanc a de petites dents en forme de triangles, dont les bords sont dentelés comme de petites scies. Elles sont idéales pour déchirer la chair coriace des gros thons et des mammifères marins.

Le requin-taureau, qui se nourrit de poissons et de pieuvres de petite taille, est doté de dents pointues comme des crocs, ce qui lui permet d'attraper et de retenir fermement ces créatures glissantes.

Le requin-nourrice possède des dents solides et plates qui agissent comme un puissant broyeur. Il peut ainsi écraser des palourdes ainsi que la carapace des crabes et des homards pour atteindre la chair qui se trouve à l'intérieur.

Quel requin a les plus grandes dents, par rapport à sa taille?

Le squalelet féroce. Même si c'est l'un des plus petits requins, cette espèce a de plus grosses dents, par rapport à sa taille, que toute autre espèce de requin. Le squalelet féroce s'attaque aux thons, aux baleines, aux dauphins et à d'autres requins. Ses dents sont comme des emporte-pièces qui découpent des bouchées de chair rondes.

   Crois-le ou non, le requin-baleine géant a les plus petites dents par rapport à sa taille. Heureusement, il n'a pas besoin de ses dents pour manger. Il avale de l'eau, puis la rejette en retenant dans sa gueule le poisson ainsi que les minuscules animaux et plantes qu'on appelle plancton.

Les requins mâchent-ils leur nourriture?

Non. Le requin utilise ses dents pour attraper et retenir sa proie, pas pour la mâcher. Lorsque les proies sont petites, le requin les avale tout rond. Si sa victime est plus grosse, le requin lui arrache de grosses bouchées de chair et l'avale en morceaux.

Requin grande-gueule

Rémora

Est-ce que tous les requins mordent leur proie?

Non. Certains requins de grande taille, comme le requin-baleine, le requin-pèlerin et le requin grande-gueule, se nourrissent par filtration de l'eau.

Ils avancent, gueule béante, et avalent d'énormes quantités d'eau. Dans l'eau se trouvent des milliards de micro-organismes (le plancton). Dans les branchies du requin, de gros filtres en forme de peigne retiennent le plancton, que le requin avale. L'eau s'échappe par les fentes branchiales situées de chaque côté de l'animal.

Pour que son gigantesque ventre soit toujours plein, le requin-baleine doit absorber plus de 2 000 t d'eau toutes les heures!

Les mâchoires d'un requin sont-elles très puissantes?

Oui. Les mâchoires d'un requin sont à peu près deux fois plus puissantes que celles d'un lion. Selon les scientifiques, la plus puissante morsure de requin jamais enregistrée correspondait à 60 kg de pression par dent. Avec une telle puissance, un requin peut transpercer de l'acier.

Les requins chassent-ils en bande?

Certains le font. Par exemple, il arrive souvent que des groupes de chiens de mer, des requins de petite taille, s'attaquent à des proies plus grosses qu'eux, comme des calmars ou des pieuvres. Au moment d'attaquer, les chiens de mer encerclent leur proie, et chacun lui arrache des morceaux de chair au moyen de ses dents pointues.

Parfois, des requins-renards, des requins gris ou des aiguillats communs peuvent se mettre à plusieurs pour rassembler tout un banc de poissons, comme des bergers rassemblant un troupeau de moutons. Une fois que les poissons forment un groupe compact, les requins foncent sur eux et en avalent plusieurs à la fois.

Les requins-baleines et les requins-pèlerins se réunissent occasionnellement en groupes de 20 ou plus pour aller se nourrir là où il y a beaucoup de plancton.

Qu'est-ce qu'une ruée?

Un groupe de requins surexcités. Bien souvent, une ruée est déclenchée si un ou deux requins repèrent un gros poisson blessé dans l'eau. Attirés par l'odeur du sang, les requins se ruent vers l'animal et l'attaquent.

Lorsque le sang se répand dans l'eau, d'autres requins en flairent l'odeur et arrivent à toute vitesse. Tous les requins s'en prennent à la pauvre victime et s'attaquent parfois entre eux. Les eaux bouillonnantes tournent au rouge sous l'effet des corps qui tournent et s'entrechoquent, ce qui attire encore plus de requins. Une ruée ne dure que quelques minutes et, soudain, tout est fini. Les survivants quittent tranquillement les lieux. Il ne reste plus qu'une eau ensanglantée où flottent des lambeaux de chair.

Requins gris de récifs

Grands requins-marteaux

Pastenaque américaine

Quel sens est le plus utile aux requins?

L'ouïe. Le requin est doté d'une ouïe très fine et, quand il chasse, c'est ce sens qui lui permet de repérer sa prochaine proie, surtout lorsqu'elle est éloignée. Les vibrations sonores se déplaçant environ cinq fois plus rapidement dans l'eau que dans l'air, une bonne ouïe est essentielle pour trouver à manger. De plus, les sons se rendent plus loin dans l'eau. Un requin peut percevoir la présence d'un poisson qui se trouve à plus de 800 m!

Où se trouvent les oreilles du requin?

Derrière ses yeux. Les oreilles du requin ne ressemblent ni à tes oreilles ni à celles de la plupart des mammifères terrestres. Il s'agit de deux trous minuscules presque invisibles, situés tout juste derrière les yeux. Les vibrations sonores entrent dans l'oreille interne, puis sont transformées en signaux électriques qui sont transmis au cerveau. Le requin peut alors établir quelle est la source d'un son.

Les requins ont-ils des narines comme les nôtres?

Oui, mais les narines du requin ne lui servent qu'à sentir, alors que les nôtres servent aussi bien à sentir qu'à respirer.

Et quel odorat il a, le requin! Il peut sentir une toute petite goutte de sang dans un énorme réservoir d'eau! Ce n'est pas étonnant, car environ les deux tiers du cerveau d'un requin sont consacrés à l'odorat.

Pourquoi les requins balancent-ils parfois la tête lorsqu'ils se déplacent?

Pour suivre une odeur. Lorsqu'ils nagent, les requins flairent diverses odeurs dans l'eau. En balançant la tête, ils déterminent dans quelle direction l'odeur est la plus marquée, puis ils suivent cette piste jusqu'à ce qu'ils trouvent la source de l'odeur.

Quel requin est le mieux équipé pour sentir les choses?

Le requin-marteau. Pour flairer les odeurs dans l'eau, ce grand requin remue de gauche à droite sa large tête en forme de marteau. Ses narines sont très éloignées l'une de l'autre puisqu'elles sont situées aux extrémités de la barre que forme sa tête. Le requin-marteau n'a donc aucun mal à repérer les odeurs. Son sens de l'odorat est soutenu par de minuscules ouvertures sur sa peau qui lui permettent de capter les faibles signaux électriques émis par sa proie.

La raie, l'un des aliments favoris du requin-marteau, se cache souvent sous le sable des fonds marins. Mais peu de raies peuvent échapper à l'odorat très développé d'un requin-marteau en chasse. Vif comme l'éclair, le requin repère la raie et l'avale tout rond, même sa queue empoisonnée!

Est-ce que les requins voient bien?

Oui, de près. Le requin se fie à sa vue lorsqu'il s'approche de sa proie et s'apprête à attaquer.

Les requins vivant en eau profonde ont généralement de plus gros yeux que ceux qui vivent près de la surface. La raison est simple : des yeux plus gros peuvent capter davantage la faible lumière qui parvient jusqu'aux zones plus profondes de l'océan. Le requin-renard qui vit en eau profonde, par exemple, compte parmi les requins ayant les plus gros yeux. Ils sont de la taille d'un poing humain.

En quoi le requin se compare-t-il au chat?

Les deux voient bien dans l'obscurité. Le requin et le chat ont tous les deux au fond de l'œil une structure comparable à un miroir qu'on appelle tapis rétinien. Le tapis rétinien reflète, ou renvoie, la lumière captée par les yeux, ce qui aide ces animaux à voir lorsqu'il y a peu de lumière.

Si tu éclaires les yeux d'un chat quand il fait noir, ils brilleront et te sembleront de couleur verdâtre ou argent, parce qu'ils reflètent la lumière. Mais ne tente pas cette expérience avec un requin!

Le requin a-t-il un sens du toucher?

Oui. Tout comme toi, un requin peut percevoir un objet qui touche sa peau. La peau du requin, comme celle de tous les autres poissons, est recouverte d'écailles. Toutefois, la plupart des écailles de poisson sont douces, alors que celles du requin sont rugueuses et tranchantes. Comme s'il était recouvert de petites dents acérées!

Le requin perçoit la présence d'objets plus éloignés au moyen d'un organe qu'on appelle ligne latérale. Cette ligne court le long de chaque côté du corps du requin, de la tête jusqu'à la queue. Chez certains requins, la ligne latérale ressemble à une bande en relief. De minuscules tubes gélatineux, qui ressortent de la ligne latérale par de tout petits trous dans la peau, détectent toute variation de pression causée par un poisson ou tout autre objet. Ensuite, à la vitesse de l'éclair, les tubes transmettent les signaux au cerveau du requin.

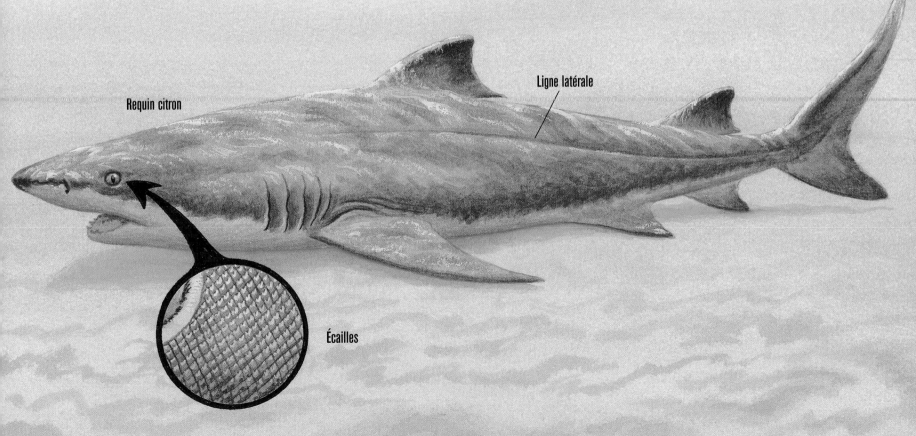

Ligne latérale

Requin citron

Écailles

Requins gris
de récifs

Poissons-pilotes

Rémoras

Requin-nourrice

Le requin peut-il goûter?

Certainement. De minuscules papilles gustatives tapissent l'intérieur de la gueule et de la gorge du requin. Lorsque le requin mord dans sa proie, ses papilles gustatives lui disent si la chair est assez bonne pour être avalée.

Certains requins de fond ont un organe de goût bien spécial : ils sont dotés de deux tentacules ou plus, appelés barbillons, qui pendent de leur tête et leur permettent de goûter avant de manger.

Le requin a-t-il un sixième sens?

Oui, un sens électrique. Autour de la tête et du museau du requin, on trouve environ 1 500 minuscules pores, ou trous, qui captent de faibles signaux électriques dans l'eau. Certains signaux proviennent d'animaux auxquels s'attaque le requin, y compris ceux qui se cachent sur le fond marin ou encore dans les cavernes ou les récifs sous-marins.

Tous les animaux, qu'ils soient terrestres ou marins, émettent de faibles signaux électriques. Le requin peut capter des signaux électriques très faibles sur de courtes distances. Certains disent qu'un requin peut détecter l'électricité d'une petite pile à une distance de 1,6 km!

Pourquoi les requins ne mangent-ils pas de poissons-pilotes?

Personne ne le sait. Les petits poissons-pilotes nagent autour de gros requins en toute quiétude. On croyait autrefois que le poisson-pilote échappait au danger parce qu'il aidait le requin à trouver des proies. Les experts ne croient plus à cette explication, mais on continue de qualifier ce poisson de « pilote », ce qui veut dire « guide ».

Comment s'appellent les poissons qui s'accrochent aux requins?

Ce sont des rémoras. Ils se fixent aux requins au moyen de grosses ventouses situées sur le dessus de leur tête. Partout où vont les requins, les rémoras y vont aussi. Ces poissons aident probablement les requins à rester en bonne santé puisqu'ils mangent les parasites et les petits crustacés qui s'incrustent dans leur peau. Les rémoras méritent donc bien cette promenade gratuite!

Les rémoras s'accrochent solidement aux requins : un scientifique a tenté, un jour, de séparer un rémora d'un requin. La ventouse s'est déchirée de la tête du rémora, mais est demeurée fixée au requin!

Est-ce que les requins nagent bien?

Oui. Les requins ont une forme fuselée et sont dotés d'une puissante nageoire caudale qu'ils remuent de gauche à droite pour se déplacer dans l'eau. De grandes nageoires pectorales les aident à se diriger. Les nageoires dorsales ainsi que les nageoires pelviennes et anale situées sur le ventre empêchent les requins de se retrouver le ventre en l'air.

La plupart des requins nagent à une vitesse d'environ 3 à 5 km/h, mais lorsqu'ils foncent vers leur proie, ils peuvent atteindre une vitesse de plus de 60 km/h. On a déjà enregistré chez un requin bleu, espèce particulièrement rapide, une vitesse de 69 km/h!

Comment se fait-il que le requin soit si flexible?

Il n'y a pas un seul os dans son corps! Le requin n'a pas d'os rigides comme la plupart des autres poissons, mais plutôt un squelette de cartilage, une substance élastique et résistante qui plie facilement. Tes oreilles et le bout de ton nez sont également faits de cartilage.

Qu'arrive-t-il lorsqu'un requin cesse de nager?

Il coule au fond de l'eau. En effet, le requin est plus lourd que l'eau. Et, comme toute chose plus lourde que l'eau, il ne flotte pas. Le requin doit donc nager et bouger en tout temps, sans quoi c'est le fond qui l'attend!

Y a-t-il autre chose qui aide le requin à flotter?

Ses nageoires pectorales, dont la forme rappelle les ailes d'un avion. Tout comme les ailes de l'avion aident l'appareil à rester dans les airs, les nageoires pectorales aident le requin à flotter dans l'eau. De plus, le requin peut compter sur la forme de son corps, courbé sur le dessus et plus plat sur le dessous, pour l'aider à flotter. Et puisque le cartilage est moins lourd que les os, le requin bénéficie d'un squelette léger.

Enfin, l'énorme foie du requin est plein d'huile, et l'huile est plus légère que l'eau. Une grande quantité d'huile de foie permet à un requin de mieux flotter.

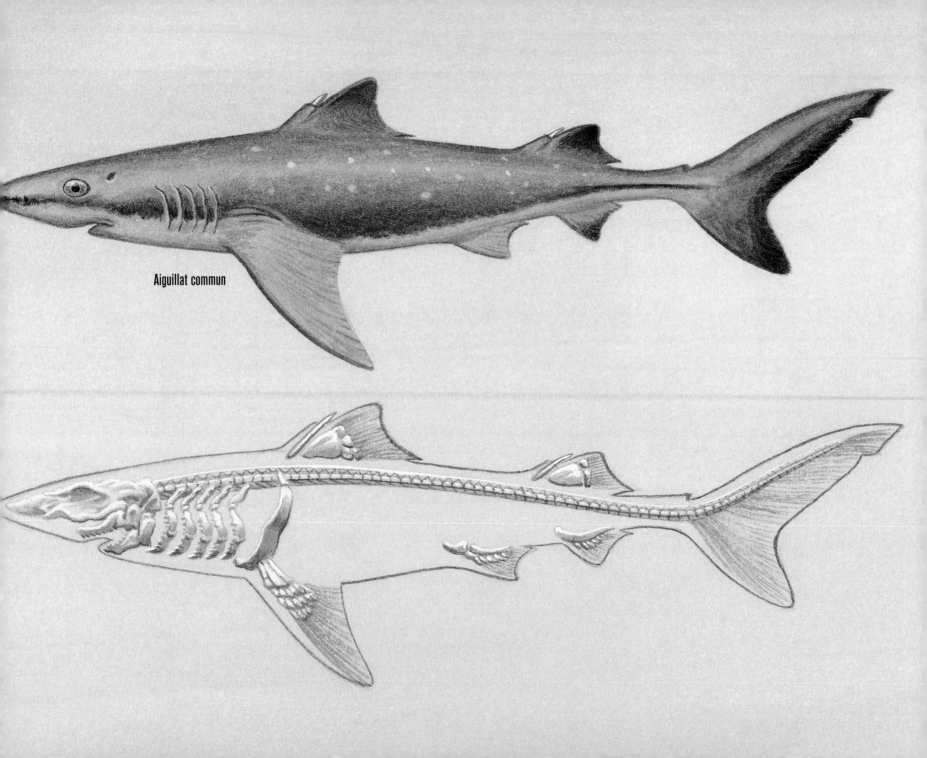

Aiguillat commun

LE MONDE DES REQUINS

Depuis combien de temps y a-t-il des requins sur la Terre?

Environ 350 millions d'années! Les requins comptent parmi les plus anciens vertébrés de la Terre. Ils étaient là bien avant les humains, qui sont apparus il y a moins de cinq millions d'années. Les requins sont encore plus anciens que les dinosaures, qui, eux, remontent à seulement 225 millions d'années. Fait peut-être plus remarquable encore, certains des requins d'aujourd'hui ressemblent beaucoup à ceux qui existaient il y a plusieurs millions d'années.

A-t-on déjà trouvé des fossiles de requin?

Oui, quelques-uns. Mais les fossiles complets de requin sont rares, car son squelette de cartilage, plus mou que de l'os, se décompose plus rapidement.

La plupart de nos connaissances au sujet des requins anciens nous proviennent des dents fossilisées qui ont survécu au passage du temps. Les dents révèlent beaucoup de choses au sujet de la taille, de la forme, de l'âge et de l'alimentation des requins qui ont vécu il y a longtemps. Puisque même les requins anciens perdaient de nombreuses dents, les scientifiques ne manquent pas d'indices!

Requin à collerette

Quel requin moderne est qualifié de fossile vivant?

Le requin à collerette. Ce requin, rarement vu, ressemble aux requins les plus anciens d'au moins deux façons. D'abord, sa gueule est située à l'avant de sa tête, alors que la plupart des requins modernes ont la gueule en dessous. Ensuite, le requin à collerette ne compte que 26 dents environ dans chacune de ses 20 rangées de dents, alors que les requins d'aujourd'hui en possèdent beaucoup plus.

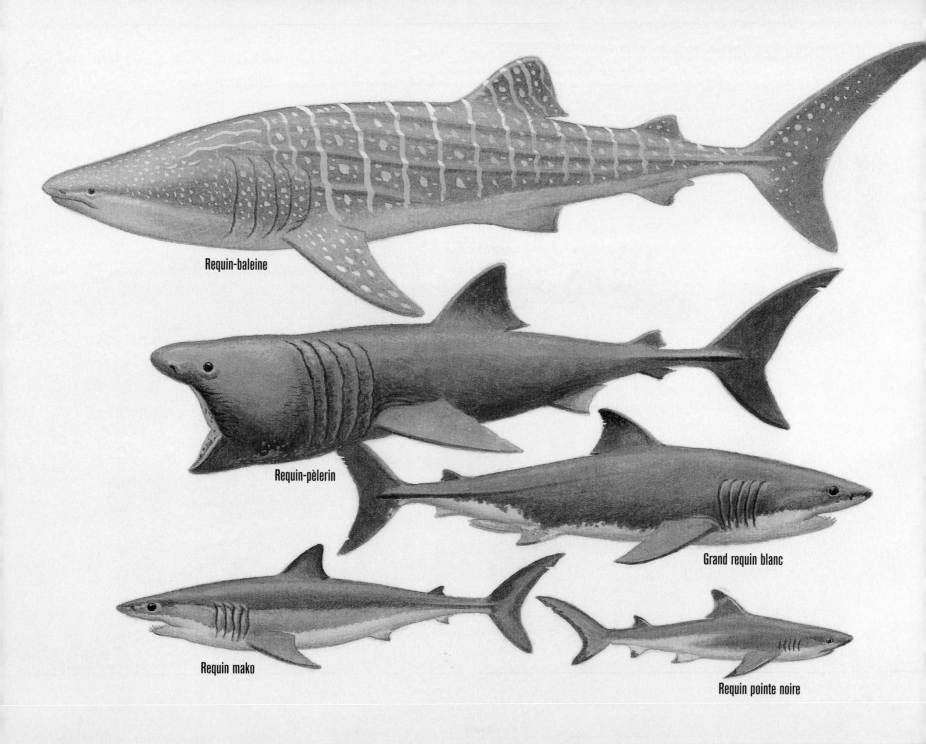

Requin-baleine

Requin-pèlerin

Grand requin blanc

Requin mako

Requin pointe noire

Combien d'espèces de requin trouve-t-on aujourd'hui?

Environ 370. Les plus caractéristiques sont les requins en forme de torpille, comme le requin bleu ou le requin-taureau. Ils font environ 2 m de long, et pèsent environ 113 kg.

Quel requin inhabituel a été découvert le plus récemment?

Le requin grande-gueule. En 1976, les marins à bord d'un navire de la marine américaine qui se trouvait à proximité d'Hawaï ont levé l'ancre et aperçu, pris dans la chaîne, un requin vivant de 5 m de longueur. Personne n'avait jamais vu de requin comme celui-là. Ce qui le distingue des autres, c'est son énorme gueule et les 1 000 dents de sa mâchoire inférieure. Les marins l'ont tout de suite surnommé « grande-gueule ». Depuis ce jour, environ sept requins grande-gueule ont été aperçus dans les mers tropicales.

Quel est le plus petit requin?

Le squale nain. Comme il fait tout au plus 15 cm, tu pourrais facilement en tenir un dans ta main. Mais, à bien y penser, voudrais-tu vraiment faire ça?

Quel est le plus gros requin?

Le requin-baleine. Avec ses 18 m de longueur et ses quelques 13 t, le requin-baleine est également le plus gros de tous les poissons. Imagine un poisson de la taille d'un camion-remorque!

Quel est le requin le plus commun?

Le requin océanique. On trouve un nombre important de requins océaniques dans les eaux chaudes des océans Atlantique et Pacifique.

Parmi les requins de plus petite taille, on trouve également un grand nombre d'aiguillats communs. Des millions de requins de cette espèce parcourent les côtes rocheuses de l'Atlantique Nord.

Comment les requins naissent-ils?

Dans la plupart des cas, le petit du requin sort d'un œuf que la mère porte dans son corps. La mère donne naissance à des bébés requins grands et forts qui ont des dents et qui savent nager. Dès sa naissance, le jeune requin commence à chasser.

La femelle de certaines espèces de requins pond des œufs dans une capsule qu'elle dépose en eaux peu profondes, à l'abri des prédateurs. Lorsque les œufs éclosent, les petits se dégagent en se tortillant et, laissés à eux-mêmes, trouvent des vers, des crustacés et de petits poissons pour se nourrir.

Les gens trouvent parfois des capsules vides sur la plage. On les appelle « bourses de sirènes ».

Combien de petits peuvent naître à la fois?

De 2 à 40. La plupart des espèces de requins donnent naissance à moins de 10 petits à la fois.

Les requins s'occupent-ils de leurs petits?

Non. Les parents n'offrent ni soin ni protection à leurs petits. Après avoir expulsé ses petits, la mère part et les laisse à eux-mêmes.

Petit du requin citron

Est-ce que tous les petits survivent?

Rarement. Il arrive parfois que les premiers-nés dévorent les autres petits. C'est un comportement tout à fait normal et naturel pour le requin. D'ailleurs, il arrive que la mère elle-même dévore ses propres petits lorsqu'ils quittent l'endroit où ils sont nés.

Les petits ressemblent-ils à leurs parents?

Oui, en général. Mais les petits requins peuvent être plus minces que les requins adultes et ressembler davantage à un serpent. Lorsqu'ils grandissent, leur couleur pâlit, ce qui leur permet de mieux se cacher dans l'eau. De plus, leurs dents grossissent, et ils peuvent s'attaquer à des proies de plus en plus grosses.

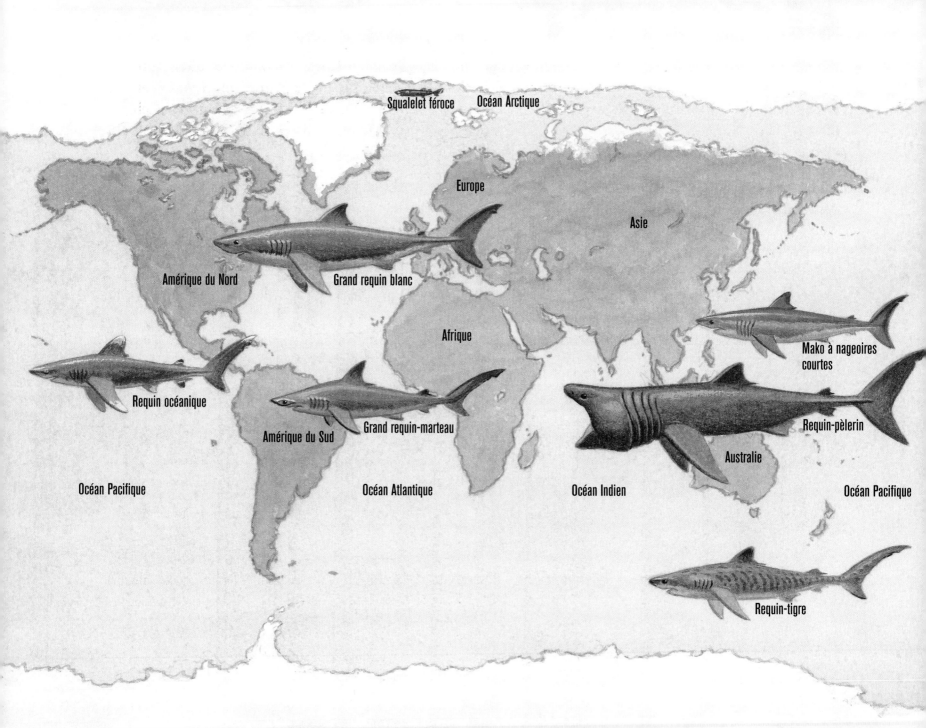

Squalelet féroce

Océan Arctique

Europe

Asie

Amérique du Nord

Grand requin blanc

Afrique

Mako à nageoires courtes

Requin océanique

Amérique du Sud

Grand requin-marteau

Requin-pèlerin

Australie

Océan Pacifique

Océan Atlantique

Océan Indien

Océan Pacifique

Requin-tigre

Pourquoi les peuples anciens inventaient-ils des légendes au sujet du requin?

Pour avoir moins peur. Par exemple, il y a longtemps, un peuple des îles Hawaï a inventé un dieu protecteur qui s'appelait Kama-Hoa-Lii, ou « le roi de tous les requins ». Les gens croyaient que Kama-Hoa-Lii était un requin géant qui vivait dans une immense caverne sous-marine près de Honolulu et protégeait les pêcheurs. Si l'équipage d'un bateau avait besoin d'aide pendant une tempête, ou si quelqu'un se blessait, les hommes allumaient un feu et versaient dans la mer du jus de la plante awa. Ils croyaient que Kama-Hoa-Lii entendrait leur demande et enverrait des requins pour sauver les pêcheurs en péril.

Où vivent les requins?

Dans tous les océans du monde. Certains requins ne fréquentent que les eaux les plus profondes de l'océan. Ils peuvent descendre jusqu'à 3 km sous la surface. D'autres se retrouvent habituellement en eaux peu profondes, le long de côtes sablonneuses ou rocheuses. Ces requins nagent si près de la surface qu'on peut voir leur nageoire dorsale sortir de l'eau.

   La plupart des requins fréquentent les eaux plus chaudes, mais on en trouve également en eaux tempérés et dans les océans polaires.

Pourquoi trouve-t-on davantage de requins en eaux chaudes?

Parce qu'ils ont le sang froid. Cela veut dire que la température du corps d'un requin est à peu près la même que celle de l'eau où il se trouve. Lorsque l'eau est chaude, le requin a suffisamment d'énergie pour se déplacer rapidement et attraper sa proie. Si l'eau est froide, le requin ralentit et ne chasse pas aussi bien.

Que font les requins en hiver?

Certains migrent. Les requins migrateurs se déplacent vers l'équateur lorsque le temps se refroidit. Quand les saisons changent et que les eaux équatoriales deviennent trop chaudes, les requins rentrent à la maison.

Les requins respirent-ils?

Oui. Les requins respirent l'oxygène qui se trouve dans l'eau, tout comme tu respires l'oxygène qui se trouve dans l'air. Lorsque le requin avance, l'eau entre dans sa gueule et coule vers les branchies qui sont formées de lamelles de tissu. Les branchies servent à extraire l'oxygène de l'eau. Le sang qui passe dans les branchies distribue l'oxygène dans tout le corps. L'eau est ensuite rejetée par les fentes branchiales, situées derrière la tête du requin.

L'eau contient-elle autant d'oxygène que l'air?

Non, loin de là! L'air contient environ 20 % d'oxygène, alors qu'on n'en retrouve qu'environ 1 % dans l'eau.

Est-ce que les requins meurent s'ils cessent de nager?

Oui, certains requins en meurent. C'est de l'eau qui entre dans ses branchies que le requin tire l'oxygène dont il a besoin pour respirer. Lorsqu'il arrête de nager, l'eau n'entre plus, et l'approvisionnement en oxygène est coupé. Le requin ne peut plus respirer et suffoque. Certains requins ne sont pas capables de pomper de l'eau sur leurs branchies comme le font d'autres poissons, de sorte qu'ils doivent toujours se déplacer dans l'eau pour survivre.

De plus, si un requin cesse de nager, il coule au fond de la mer. La plupart des poissons sont dotés d'une vessie natatoire qui ressemble à un ballon et qui les aide à flotter dans l'eau. Mais les requins n'en ont pas.

Y a-t-il des requins qui peuvent respirer sans nager?

Oui, les requins qui vivent sur le fond marin, comme le requin-carpette, le requin-nourrice et l'ange de mer. Dans leur cas, l'eau entre par des trous situés près des yeux et, parfois, par leur gueule. Des muscles dirigent l'eau vers les branchies et la poussent dans les fentes branchiales, ce qui permet à ces requins de se reposer et de respirer en même temps.

Requin de Port Jackson

Branchies

Requin-taupe commun

Est-ce que les requins produisent des sons?

Quelques-uns peuvent le faire. Le requin-baleine pousse des sons rauques et des grondements. Le requin-tapis tacheté, qui vit au large de l'Australie, émet un grognement lorsqu'il agrippe sa proie. Et on a déjà entendu des holbiches ventrues japper. Mais les scientifiques ne croient pas que ces sons servent à communiquer.

Les requins communiquent par d'autres moyens. Certains laissent s'échapper dans l'eau une substance que d'autres requins peuvent sentir. Lorsque vient la période de la reproduction, par exemple, les requins mâles produisent des substances chimiques qui, une fois libérées dans l'eau, attirent les femelles. Les requins peuvent également adopter une certaine attitude, par exemple, une posture menaçante, pour se faire comprendre des autres créatures.

Les requins jouent-ils?

Peut-être. Mais il est fort probable que nous ayons seulement l'impression qu'ils jouent. Le requin examine soigneusement sa nourriture pour voir si elle est bonne à manger. Il arrive parfois que le grand requin blanc déplace et mordille des objets qui flottent à la surface. Et on voit souvent le requin-taupe commun inspecter des débris flottant ou des algues.

De temps en temps, l'objet qu'un requin examine est un animal vivant, comme un pingouin. En général, celui-ci ne se fera pas manger, mais imagine sa frousse!

Parfois, deux grands requins blancs se disputent un phoque ou un autre animal de grande taille. Les deux requins frappent l'eau de leur nageoire caudale. Celui qui bat l'eau le plus rapidement et avec le plus de vigueur va généralement remporter la proie.

Les requins peuvent-ils apprendre?

Oui. De récentes études montrent que le requin peut se souvenir de quelque chose et en tirer des leçons. Dans le cadre d'une expérience, des requins qui se trouvaient dans un réservoir ont appris à accepter de la nourriture de leur entraîneur. Une autre fois, les requins ont appris à reconnaître diverses formes : le cercle voulait dire qu'il y avait de la nourriture, et le carré voulait dire qu'il n'y en avait pas.

DES REQUINS ET DES HOMMES

Les requins s'attaquent-ils aux humains?

À l'occasion, mais l'humain ne fait certainement pas partie de l'alimentation du requin.

Sur toute la planète, environ 50 personnes par année sont attaquées par un requin et moins de 20 en meurent. Selon les experts, on est plus susceptible de mourir dans un accident d'automobile, d'être frappé par la foudre ou d'être mordu par un serpent venimeux que d'être tué par un requin.

Moins de 20 % des espèces de requin connues constituent un danger pour l'humain. Les experts croient que le grand requin blanc, le requin-tigre, le requin bouledogue et le requin océanique sont les plus menaçants.

Qu'est-ce qui pousse le requin à attaquer?

L'instinct. Le requin est une créature sauvage à la recherche de proies. Lorsqu'il voit, sent, entend ou perçoit quelque chose qui pourrait être de la nourriture, il se précipite. Pour un requin nageant sous la surface, une personne sur une planche de surf ressemble probablement à un phoque.

Un nageur qui éclabousse ou une personne qui a une plaie ou une égratignure qui saigne attire aussi les requins. Le requin peut attaquer et mordre, dans certains cas à plusieurs reprises, avant de repartir à la recherche de ses proies habituelles.

Pourquoi le requin a-t-il tendance à mordre les humains sans pour autant les manger?

C'est probablement parce que notre corps ne contient pas suffisamment de gras. Manger du gras procure au requin deux fois plus d'énergie que lorsqu'il mange d'autre chair. Ainsi, le requin préfère les animaux plus gras, tels le phoque et l'otarie, aux animaux plus maigres, tel l'humain, qu'il a tendance à recracher.

Comment peut-on éviter d'être attaqué par un requin?

Tu n'as qu'à suivre certaines règles.

1. Ne te baigne pas à un endroit où il pourrait y avoir des requins.

2. Ne te baigne jamais seul.

3. Ne va pas dans l'eau si tu as une coupure ou une égratignure qui saigne.

4. Baigne-toi en eau claire; cela te permettra de voir venir le danger.

5. Si quelqu'un voit un requin, quitte l'eau calmement sans éclabousser.

6. Ne touche pas à un petit requin ou à un requin blessé : il pourrait quand même te mordre.

7. Si tu vas à la pêche, ne mets pas ta main dans l'eau. Le requin peut être attiré par le poisson qui est dans ton filet ou au bout de ta ligne.

Quel requin inspire le plus de terreur?

Le grand requin blanc. Il fait environ 5 m de long et pèse 635 kg. C'est le plus gros des requins mangeurs de chair.

En raison de sa taille, le grand requin blanc s'attaque habituellement à des proies imposantes, tels le phoque et l'otarie. Dans la plupart des cas, lorsque le grand requin blanc s'attaque aux humains, c'est probablement qu'il a pris un nageur ou un surfeur pour un animal marin de grande taille. Mais aucun nageur ou surfeur ne peut s'y méprendre : quand on voit ses grands yeux noirs fixes et sa gueule légèrement ouverte, on sait qu'on a affaire au grand requin blanc.

Qu'est-ce qui fait du grand requin blanc un prédateur redoutable?

Ses nombreuses rangées de dents très acérées, qui font jusqu'à 5 cm de long. Les dents très étroites et pointues de la mâchoire inférieure sont comme des fourchettes qui retiennent la nourriture. Les dents acérées du haut, qui sont comme des couteaux très coupants, permettent au requin de mordre sa nourriture.

Les grands requins blancs sont presque toujours prêts à manger. En une année, un grand requin blanc consomme, à lui seul, environ 11 t de nourriture. Par comparaison, un humain adulte, qui est 10 fois moins lourd qu'un grand requin blanc, mange 20 fois moins.

Le grand requin blanc est-il vraiment blanc?

Non, il est gris. Comme son ventre est gris pâle, il est difficile à repérer vu d'en dessous, car il se confond avec le ciel qui se trouve au-dessus. Son dos est d'un gris plus foncé, ce qui le rend difficile à voir vu d'en haut, car il se confond avec les eaux sombres.

À quel endroit trouve-t-on la plupart des grands requins blancs?

Dans tous les océans, mais surtout dans les eaux profondes qui sont fraîches ou tempérées. Lorsque l'eau devient très froide, le grand requin blanc migre vers des eaux plus chaudes.

Grand requin blanc

Y a-t-il beaucoup de grands requins blancs dans la mer?

Non. De fait, ils sont plutôt rares. Certains scientifiques croient qu'il y a moins de 10 000 grands requins blancs dans le monde entier! L'Australie a récemment inscrit le grand requin blanc sur sa liste des espèces menacées, et l'Afrique du Sud et l'État de la Californie ont adopté des lois visant à le protéger.

Requins-tigres

Quel requin est une véritable poubelle des mers?

Le requin-tigre, parce qu'il mange n'importe quoi. Dans l'estomac d'un requin-tigre pris au large de l'Australie, un pêcheur a trouvé les restes d'une chèvre, d'une tortue, d'un chat, de trois oiseaux, de nombreux poissons et d'un requin de 2 m! Un autre requin-tigre, pêché aux Philippines, avait dans le ventre neuf souliers, une ceinture et un pantalon. On a trouvé dans l'estomac d'autres requins-tigres des bouteilles de verre, des rouleaux de fil métallique et un baril à pétrole de 8 kg!

Pourquoi les gens ont-ils peur du requin-tigre?

Parce qu'il fréquente les eaux peu profondes de l'océan, tout comme les baigneurs, les surfeurs et les plongeurs. Pendant la journée, le requin-tigre se tient loin de la côte, mais en fin d'après-midi, il lui arrive souvent de s'en approcher. Malheureusement, c'est à ce moment-là que de nombreuses personnes s'amusent dans l'eau, le long des plages ou des côtes.

À l'occasion, le requin-tigre nage dans si peu d'eau qu'on peut voir sa nageoire dorsale au-dessus de la surface. Alors, ouvre l'œil! Si tu vois des nageoires de requin, sors de l'eau rapidement et calmement, sans trop faire d'éclaboussures.

D'où le requin-tigre tire-t-il son nom?

Des bandes grises, ressemblant à celles du tigre, qu'on peut observer sur le corps des jeunes requins-tigres. Même s'il n'a plus ces bandes à l'âge adulte, le requin-tigre conserve son nom.

En quoi le requin bouledogue ressemble-t-il au requin-tigre?

Les deux sont très dangereux, car ils affectionnent les eaux peu profondes. Le requin bouledogue, plus massif que le requin-tigre, a un museau court et arrondi, et de petits yeux fixes. La plupart du temps, ce requin nage lentement et mollement le long des côtes rocheuses ou sablonneuses. Mais lorsqu'il pourchasse une proie, il peut atteindre une vitesse impressionnante en peu de temps.

De temps à autre, le requin bouledogue quitte la mer et s'aventure dans des rivières ou des lacs. Certains ont remonté des cours d'eau en Floride et en Louisiane; on en a même vu dans le fleuve Mississippi. On trouve également des requins bouledogues dans des lacs et cours d'eau plus petits en Amérique du Sud, en Amérique centrale, en Afrique et en Inde.

Quel requin est dangereux en eaux profondes?

Le requin mako. Ce requin rapide et féroce est particulièrement dangereux pour les personnes qui survivent au naufrage d'un navire ou à l'écrasement d'un avion au beau milieu de l'océan. Le requin mako, qui nage rapidement et sans bruit, attaque à une vitesse foudroyante. Ses huit rangées de dents lisses, longues, fines et très pointues blessent mortellement la plupart de ses victimes.

Comment le requin-carpette attaque-t-il?

Par surprise. Personne ne s'attend à ce qu'un requin-carpette, qui passe toute la journée au fond de l'océan comme un gros paresseux, lui fasse des ennuis. Mais si un baigneur marche accidentellement sur un requin-carpette ou lui donne un coup de pied sans le faire exprès, le requin enfonce rapidement une rangée de dents pointues comme des aiguilles dans la jambe de l'imprudent. Et le requin-carpette est un entêté : on aura beau lui tirer une balle, le frapper sur la tête ou le poignarder, il ne lâchera pas prise!

Quel requin vivant en eaux profondes se déplace comme un serpent?

Le requin-nourrice. Ce poisson très lent vit au fond de l'océan et se cache souvent dans les récifs ou les cavernes sous-marines. Lorsqu'il se donne la peine de bouger, il glisse sur le fond, comme un serpent, et chasse les crevettes, les homards, les crabes, les oursins et d'autres crustacés, écrasant leur dure carapace avec ses dents solides et peu coupantes.

Les gens qui plongent en apnée oublient parfois que le requin-nourrice est une créature sauvage. Un plongeur a tenté de chevaucher un requin-nourrice de 4 m de long. Il a perdu une jambe lorsque le requin l'a mordu.

L'ange de mer commun est-il vraiment angélique?

Pas du tout. Ses deux grandes et larges nageoires pectorales ressemblent peut-être aux ailes d'un ange, mais c'est leur seul point commun. Comme d'autres poissons de fond, l'ange de mer commun nage lentement et se cache souvent dans le sable du fond marin. Il cherche à mordre lorsqu'on le dérange.

Certains disent que ce requin semble être passé sous un rouleau compresseur, ce qui expliquerait pourquoi il fait environ un mètre de long sur un mètre de large, du bout d'une nageoire à l'autre.

Mako à nageoires courtes

Requin-tapis
barbu

Requin-nourrice

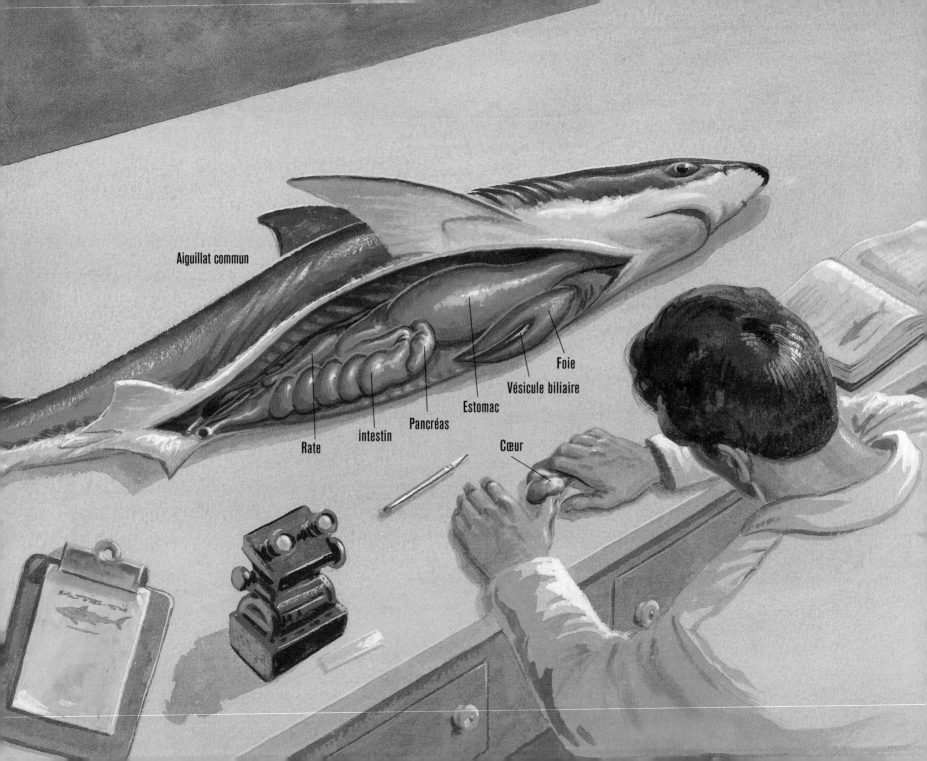

Aiguillat commun

Foie

Vésicule biliaire

Estomac

Pancréas

intestin

Rate

Cœur

Qui sont les principaux ennemis du requin?

Les humains. Nous tuons chaque année des millions de requins pour leur viande, leur huile de foie, leur cartilage, leurs nageoires, leurs mâchoires et leur peau.

Qui mange du requin?

Des gens de partout dans le monde. La chair du requin est particulièrement appreciée au Japon et dans d'autres pays d'Asie, où on la consomme cuite, séchée et même crue. En Angleterre, les gens apprécient beaucoup les croquettes de poisson avec frites, souvent préparées avec de la chair d'aiguillat commun.

Dans certains pays, les gens n'aiment pas l'idée de manger du requin. Alors, les poissonneries et les cuisiniers donnent parfois à la chair de requin des noms originaux, comme « saumon de roche » ou « anguille de roche ».

À quoi sert l'huile de foie de requin?

À fabriquer divers produits. Jusqu'aux années 1950, l'huile de foie de requin était utilisée pour fabriquer de la vitamine A. Aujourd'hui, on peut produire de la vitamine A en usine. Mais on utilise toujours de l'huile de foie de requin pour fabriquer des produits de beauté, des médicaments, des lubrifiants, de la peinture et des chandelles. Le foie d'un requin-pèlerin, par exemple, peut contenir des centaines de litres d'huile!

Pourquoi les scientifiques s'intéressent-ils aux requins?

Pour de nombreuses raisons. Les chercheurs étudient des traitements pour les humains, pour lesquels on utilise certaines parties du corps du requin. Une substance qu'on trouve dans le sang du requin peut empêcher le sang humain de coaguler; on pourrait aussi l'utiliser pour traiter diverses maladies. Une autre matière préparée à partir du foie et de l'estomac d'un requin peut guérir le corps humain de certains types d'infection. Et, enfin, la cornée de l'œil du requin peut être greffée dans l'œil d'un humain pour l'aider à mieux voir.

Est-ce que les gens utilisent la peau du requin?

Non. Il y a longtemps, la peau de requin était très recherchée. Sa surface rugueuse permettait aux menuisiers et aux bijoutiers de poncer et de polir le bois et le métal. Les fabricants d'épées recouvraient la poignée de leurs meilleures épées avec de la peau de requin, pour qu'elles ne glissent pas dans la main. Et les tanneurs transformaient la peau de requin en cuir fort et souple pour fabriquer des portefeuilles, des ceintures, des vestes et des chaussures. Aujourd'hui, les gens semblent préférer la peau d'autres animaux à celle du requin.

Quel plat prépare-t-on à partir des nageoires du requin?

La soupe aux nageoires de requin. Les pêcheurs attrapent des milandres, ou requins-hâ communs, dans de grands filets ou à l'hameçon. Ensuite, ils leur coupent les nageoires et rejettent les requins (bien souvent, toujours vivants) dans l'eau. Incapables de nager sans leurs nageoires, ces requins sont bien souvent tués et dévorés par d'autres requins.

Pour mettre fin à cette pratique horrible, le gouvernement des États-Unis a adopté en 1993 une loi qui interdit d'attraper des requins uniquement pour leurs nageoires, au large des côtes de l'Atlantique et du golfe du Mexique. Mais le massacre se poursuit à d'autres endroits, où cette soupe est très appréciée des amateurs de fine cuisine.

Combien de requins les humains arrivent-ils à tuer?

De 30 à 100 millions par année! De nombreux requins sont tués pour être mangés et pour d'autres raisons. Mais certaines personnes chassent le requin seulement pour s'amuser ou parce qu'elles les craignent ou les détestent. De nombreux requins meurent lorsqu'ils sont pris accidentellement dans des filets conçus pour attraper des thons, des espadons et d'autres poissons. Certains disent que les pêcheurs de crevettes du golfe du Mexique tuent chaque année deux millions de requins qui se prennent dans leurs filets.

Au cours des 10 dernières années, le nombre de certaines espèces de requins a baissé d'environ 80 %. Beaucoup craignent que le requin ne disparaisse carrément de nos océans si rien n'est fait pour le protéger.

Requin Mako

Thon

Espadon

Comment pouvons-nous aider les requins à survivre?

Nous pouvons adopter et appliquer des lois qui interdisent de tuer les requins. En 1999, un comité spécial des Nations Unies a voté la création d'un plan pour sauver les requins. Autour de la même période, le gouvernement des États-Unis a réduit le nombre de requins qu'on pouvait pêcher dans les eaux de l'océan Atlantique; les pêcheurs sportifs ne peuvent attraper que deux requins par bateau de pêche. D'autres pays sont aussi en train d'élaborer des lois pour protéger les requins.

Pourquoi avons-nous besoin du requin?

Le requin a beaucoup de choses à nous apprendre. C'est une créature superbe, aux lignes fines et gracieuses, qui joue un rôle important dans la chaîne de la vie.

Grâce à lui, on pourra peut-être arriver à guérir certaines maladies qui frappent les humains.

En mangeant des poissons malades ou mourants, le requin aide probablement à empêcher que des maladies se propagent chez d'autres animaux marins.

Mais par-dessus tout, nous avons beaucoup à apprendre du requin. Après tout, il est sur la Terre depuis plus de 350 millions d'années.

Requin-zèbre